AF337416

VIVE LA RÉPUBLIQUE !

OU

Pourquoi êtes-vous Républicain ?

EXPOSÉ DES PRINCIPES :

LIBERTÉ, ÉGALITÉ, FRATERNITÉ,

PAR

UNE RÉUNION DE RÉPUBLICAINS

La Constitution reconnaît, confirme et garantit les grands principes proclamés en 1789, et qui sont la base du droit public des Français.

Droit et devoir sont un, car tout droit impose un devoir; tout devoir sanctionne un droit.

Prix : 20 centimes.

LILLE,

CHEZ TOUS LES LIBRAIRES.

4 Septembre 1870.

Cet exposé des principes républicains devait paraître à la fin de Juillet. La guerre est survenue, la guerre qui, pour le républicain, est le plus monstrueux de tous les crimes de lèse-humanité. Nous avons dû ajourner notre publication. Les événements se sont précipités. Aujourd'hui les hommes qui ont voulu cette guerre, qui l'ont cherchée et qui n'ont pas su s'y préparer, abandonnent le pays, incapables qu'ils sont de le sauver comme ils l'ont été de le conduire. Ceux qui les ont approuvés, ceux qui les ont encouragés, se tiennent à l'écart et disent au pays : Tire-toi du gouffre où nous t'avons précipité. Il faut aujourd'hui que nous nous sauvions nous-mêmes, et puisque l'on fait appel au courage de tous ceux qui restent dans le pays, qui lui sont fidèles dans la mauvaise comme dans la bonne fortune, puisqu'en un mot la République est proclamée, il est bon que l'on sache ce que sont ces principes républicains calomniés ou méconnus. Nous publions donc aujourd'hui cet exposé tel que nous l'avions préparé. Il servira tout au moins à prouver que nos sentiments sont, en présence des malheurs, ce qu'ils étaient il y a un mois, ce qu'ils ont toujours été.

Lille, 4 Septembre 1870.

SOMMAIRE.

Vive la République !

---

1. Pourquoi criez-vous vive la République?

— Parce que je suis républicain.

2. Pourquoi êtes-vous républicain ?

— Parce que le droit naturel le veut ainsi.

3. Le droit naturel est le même pour moi, et cependant je ne suis pas républicain.

— C'est que vous méconnaissez ce droit naturel, que vous méconnaissez, en outre, la Constitution que vous avez votée et en vertu de laquelle, vous-même, vous me forcez à être républicain.

4. Moi-même! je vous y force!— J'en voudrais la preuve.

— La Constitution reconnait, confirme et garantit les grands principes proclamés en 1789, qui sont la base du droit public des Français.

5. Dit-elle cela ?

— Article premier. Lisez de vos propres yeux. — Mais je vois que, comme la majorité des Français, vous ne connaissez même pas la Constitution que vous avez votée, ni celles qui l'ont précédée, encore moins celles de 91 et de 93, qui consacrent ces principes de 89.

6. Malgré tout le respect de la Constitution actuelle, pour les grands principes de 89, nous ne sommes pas en République.

— Le républicain est toujours en République. S'il n'a pas la République autour de lui, il l'a toujours en lui ; et cela doit être, car pour faire une République, il faut d'abord des républicains.

7. C'est évident. Qu'est-ce donc qu'un républicain ?.

— Le républicain est le contraire du jésuite.

8. Comment comprenez-vous que le républicain est le contraire du jésuite ?

— Le républicain est l'homme qui dans la vie privée comme dans la vie publique, pratique volontairement, sciemment et dans toutes ses conséquences la devise révolutionnaire : Liberté, Égalité, Fraternité.

9. La femme peut-elle être également républicaine ?

— Comme l'homme, selon sa nature.

10. Et l'enfant ?

— Comme son père et sa mère, si d'accord entre eux ils savent l'élever selon ces principes.

11. Dois-je ainsi comprendre de la femme et de l'enfant ce que vous dites de l'homme ?..

— Toujours ; mais de chacun selon sa nature ou son âge. Nous ne parlons que de l'homme pour être plus brefs, mais il faut toujours entendre en même temps la femme et l'enfant qui ne font qu'un avec l'homme.

12. A quel signe reconnaîtrons-nous le républicain ?

— Vous reconnaîtrez le républicain à ce signe que voulant la Liberté pour lui il la veut en même temps pour tous et dans la même mesure. C'est ainsi qu'il prouve son respect de l'Égalité, ses sentiments de Fraternité, en un mot l'esprit de justice qui l'inspire.

Vie publique, vie privée.

13. Toutes vos réponses contiennent bien des termes qui donnent à réfléchir. Voulez-vous me les expliquer ?

— Demandez.

14. Pourquoi dites-vous : Le républicain est l'homme qui pratique la devise révolutionnaire : LIBERTÉ, ÉGALITÉ, FRATERNITÉ, *dans la vie privée comme dans la vie publique ?*

— Parce qu'il n'y a qu'une morale. Il ne peut pas y avoir une morale publique, une morale privée, une morale politique, une morale commerciale, etc., *il y a la morale.* Par conséquent, le républicain ne peut avoir deux conduites. Il n'en a qu'une. Ce qu'il est chez lui, il l'est au dehors ; ce qu'il est au dehors, il l'est chez lui, sans chercher à se montrer, encore moins à se cacher.

15. N'admet-il pas comme tout le monde que la vie privée doit être murée ?

— Se murer est une précaution monastique qui répugne au républicain. Le républicain vit au grand jour. Ses murs ont portes et fenêtres qu'il ouvre au soleil et à l'air vif sans craindre les regards. Sa maison ne l'abrite que contre les intempéries.

16. Comment ! prétendrait-il que comme la vie publique, la vie privée appartient au jugement de tous ?

— Certainement ; et du reste vous-mêmes, sans souci de vous contredire, vous le reconnaissez aussi : car lorsque se présente un homme qui réclame vos suffrages pour une fonction publique, votre premier soin est de scruter sa vie privée. Et c'est justice : car quelle garantie avons-nous de la vie publique d'un homme, si sa vie privée est véreuse, ou simplement douteuse, et craint le grand jour ?

17. J'en conviens, on agit ici à l'encontre de ce que l'on prescrit.

Reconnaissance envers la Révolution.

Pourquoi avez-vous appelé *Révolutionnaire* la devise, Liberté, Egalité, Fraternité?

— Parce qu'elle a été proclamée par la Révolution de 89 à laquelle nous devons une éternelle reconnaissance.

18. Une éternelle reconnaissance !....

— Oui, une éternelle reconnaissance. Quand on n'est ni fourbe, ni dupe, ni stupide, il y a ingratitude ou lâcheté à ne pas proclamer que nous devons à la Révolution une éternelle reconnaissance, et nous ne nous laverons jamais de cette honte qu'en France il aura fallu un siècle — car nous n'y sommes pas encore — pour que nous osions regarder cette Révolution tout au moins avec respect.

19. Mais ceux qu'elle a ruinés ?....

— Ruinés ? Dites donc : Expropriés pour cause d'utilité publique, en vertu de ce principe de loi et de morale universelle qui dit : *L'intérêt général est supérieur à l'intérêt particulier.*

Convenez-en, placide Conseiller municipal, à l'occasion vous faites en détail, sans le moindre danger pour vous ni pour votre bourse, et souvent sans utilité réelle, ce que la Révolution a dû faire en gros : car substituant, selon la justice, le droit naturel au droit de conquête et d'usurpation, elle avait tout le vieux monde à exproprier pour le bien du pays et de l'humanité. Puis, ces pauvres gens expropriés de leurs faux droits, plaignez-les, je vous y engage, eux qui en fait sont encore aujourd'hui les plus privilégiés de la société. Quant à ces autres privilégiés, gens de rien qu'elle a faits leurs égaux, qui sont les plus empressés à la renier, — quant à ces plumassiers sans cœur, qui n'ont su développer leur intelligence et leurs talents que pour forger, aiguiser, envenimer des calomnies lucratives ; pour obscurcir en nous, pervertir dans l'enfant, le bon sens et l'équité, qu'en direz-vous ?

20. Mais enfin les échafauds, les noyades, les massacres !.....

— Halte-là ! Mettez sur la balance d'un côté ce que selon la justice devait faire cette Révolution, ce qu'elle a voulu, ce qu'elle a fait ; de l'autre les résistances qu'elle eût à vaincre : intérêts égoïstes, ignorance, aveuglement, injustice, — et vous, qui reconnaissez le droit de légitime défense, jugez alors.

21. Mais le sang est toujours du sang......

— Oui, le sang est toujours du sang, l'erreur toujours erreur et le crime toujours crime. Je dis même plus que vous : *La fin ne justifie jamais les moyens.* Mais je dis aussi : le crime est à celui qui le fait commettre, non à la main qui frappe. Puis vous qui, à distance et dans la paix, condamnez si commodément, qui déclarez légitime et sacré tout intérêt qui vous touche, savez-vous ce que vous auriez fait? Savez-vous ce que vous feriez demain ? Les réactions nous l'ont dit. Mais vous ne lisez pas l'histoire de vos réactions contre l'esprit généreux qui vous affranchit, vous ainsi que nous, mais malgré vous. Français à courte mémoire, vous oubliez non-seulement le lointain passé, mais ce que vous avez vu de vos propres yeux, hormis ce dont vous pouvez accuser les révolutionnaires. Pourquoi tant de complaisant oubli d'une part, de l'autre tant d'implacable sévérité? Et vous oseriez vous croire équitables? S'il était juste de peser les faits à la balance du talion, l'histoire à la main, je vous mettrais sur un plateau TOUTES nos révolutions; sur l'autre les longues, les indicibles iniquités qui les ont provoquées, et vous verriez le plateau révolutionnaire monter au ciel, — l'autre rester à jamais plongé dans le sang *. Vous comprendriez alors ces hommes de 93 disant : Que notre mémoire soit vouée aux gémonies, mais que la France soit sauvée! Ils ont réussi: vous les aurez pendant un siècle traînés aux gémonies ; des générations trompées auront passé en les maudissant, mais la

---

* Les cinq semaines de la guerre actuelle coûtent déjà à la France plus de sang et de ruines que les cinq années de Révolution (de Juillet 1789 à Juillet 1794). Ajoutez-y la honte, et ce que l'avenir nous réserve.

France aura été sauvée par eux, et nos enfants leur rendront enfin justice.

22. Nos enfants, peut être ; mais nous ? pourquoi devons-nous de la reconnaissance à la Révolution ?

— Parce qu'elle est notre mère, parce que sans elle nous serions rien, vous, tout le premier......

23. Moi !

— Oui vous, vous encore plus que moi, propriétaire campagnard, aujourd'hui possesseur du champ qui jadis vous possédait. Car la Révolution a renversé les anciennes institutions serviles ; elle nous a ramenés dans le sentier du droit naturel, de la dignité humaine ; et en même temps, par sa lumineuse devise : Liberté, Égalité, Fraternité, elle a résumé les principes de justice qui règlent les droits et les devoirs du citoyen et inspirent la société nouvelle.

24. Vous êtes un profond révolutionnaire.

— Vous l'avez ma foi deviné du premier coup. Regardez-moi bien. Cela vous fait-il peur ? Et pourquoi n'êtes-vous pas un profond scélérat tel que moi ? Car vous avez mon âge. Comme moi vous avez vu avorter des émeutes et des conspirations ; par là vous avez comme moi dû comprendre que jamais quelques hommes n'entraînent un peuple à l'improviste; que jamais de gaîté de cœur un peuple ne se lance dans une révolution comme à une partie de plaisir. L'homme en général aime trop le repos, le Français en particulier a trop de longanimité, trop peu d'initiative. Convenez donc qu'il a fallu un long et robuste levier de malheurs pour produire l'élan de 89, les puissantes luttes de 92 et 93. Regardez-y et vous direz : C'est la justice qui meut cette société nouvelle et la pousse vers son avenir *.

Républicain, Socialiste, Démocrate.

25. Vous parlez de *société nouvelle* ; est-ce

---

* Nous en avons encore aujourd'hui une preuve trop triste, trop frappante. La nouvelle République est le fait, non de quelques hommes, mais des événements, de l'impulsion populaire.

en raison de cette société nouvelle que certains républicains se disent *socialistes* ?

— Oui, et bien comprise, cette dénomination *républicain - socialiste* est conforme à l'esprit révolutionnaire ; mais je préfère la simple dénomination *républicain*.

26. Pourquoi la trouvez-vous préférable ?

— Parce qu'elle est simple et en même temps plus générale, qu'elle sera d'accord avec le joyeux cri : *Vive la République* ! quand nous aurons fait reconnaître notre droit de le pousser à pleins poumons, qu'elle est française de vieille date, et que selon l'usage de tous les temps, le sentiment de tous les peuples, ce simple nom *républicain* éveille soudain l'image d'un caractère indépendant, viril et moral.

27. La dénomination : *républicain-socialiste* ne serait-elle pas conforme à ce caractère ?

— Bien comprise, elle éveille l'image du même caractère moins la joie ; mais le mot *socialiste* n'est pas compris de même par tout le monde.

28. *Moins la joie*, dites-vous ; et tout à

l'heure vous appeliez joyeux le cri : *Vive la République !* Le républicain est donc bien joyeux ?

— Du fond de l'âme, puisqu'il est libre, en paix avec lui-même et avec ses semblables. Le républicain n'est pas de ceux, qui *font*, comme dit Béranger, *de la vie un carême;* non, il est joyeux comme Rabelais :

Pour ce que rire est le propre de l'homme,

et que *l'homme*, disent nos Constituants de 93 d'après la nature, *est né pour le bonheur.*

29. Vous me prouverez tout cela, joyeux républicain.

— Quand vous voudrez.

30. Mais auparavant je tiens à savoir comment vous comprenez ce nom *socialiste* qui nous épouvante.

— Vous vous épouvantez toujours de tout, même de rien. Le républicain comprend par *socialiste* celui qui cherche la rénovation de TOUTES les institutions sociales conformément aux principes de 89 qui sont l'expression de la justice, et, comme le dit si franchement cette Constitution, votée deux fois par vous, la base du droit public des Français. Nous sommes donc socialistes parce que vous le voulez.

31. Ah ! c'est nous qui le voulons ?

— Revoyez l'article premier. Il est assez clair. Vous n'oseriez pas dire qu'on vous a pris en traître :

En toute chose il faut considérer la fin.

32. Chacun entend-il comme vous le nom *socialiste* ?

— Non. Par suite de nos luttes depuis 89 et surtout depuis 48, par suite de l'égoïsme aveugle de ceux qui ont le plus profité de la Révolution, le mot *socialiste* n'éveille pour beaucoup que l'idée de réformes économiques, et nous avons surtout besoin de relever le caractère moral, aplati par les ennemis de la Révolution.

33. Les institutions ne relèveraient-elles pas nécessairement le caractère moral ?

— C'est possible, et même probable; mais il est beaucoup plus certain que la moralité des caractères est une meilleure garantie de la moralité des institutions. Il est, en outre, également certain que la réforme individuelle est entre les mains de chacun, facile par consé_quent; tandis que les réformes sociales sont d'autant plus difficiles qu'elles touchent un plus grand nombre d'individus.

34. A quel signe reconnaîtrons-nous, sans crainte de déception, le caractère vraiment moral ?

— Au même signe qui vous fera reconnaître le républicain, car c'est tout un. L'homme moral veut la liberté, le bonheur et la joie pour tous ; car pour l'homme moral nul n'est libre, heureux et joyeux, tant qu'il peut rencontrer un esclave.

35. Mais il n'y a plus d'esclaves.

— En droit, non ; mais en fait, des millions ; et je vous ai dit que le vrai républicain veut la Liberté pour tous, comme pour lui-même.

36. Néanmoins toutes vos républiques anciennes ont eu des esclaves.

— Aussi n'ont-elles pas vécu. Mais l'image du caractère républicain s'est formée en nous d'après les hommes vigoureusement trempés, qui ont illustré leurs républiques, qui les ont défendues, qui sont morts pour elles, ainsi qu'on nous l'enseigne à l'école, et non d'après les pauvres esclaves dont on ne nous a jamais rien dit.

37. Votre amour pour la République viendrait donc de votre éducation ?

— L'éducation tout au moins l'a développé grâce à l'histore ancienne telle que me l'ont enseignée, et telles que l'enseignent encore, l'Université, le Gouvernement et les poètes de Louis XIV, le vaillant Corneille en tête. La Constitution que vous avez votée et les livres défendus ont bravement fait le reste.

38. Cela ressemble fort à la poule couvant des canards.

— Mais cet amour de la République me

vient d'abord de ma grand'mère qui a vu 93 et les Restaurations.

39. Elle a vu 93 et elle est restée Républicaine !

— Oui, car elle avait vu le servage, les dimes, les maîtrises, les innombrables servitudes de tout genre, tout cet inextricable labyrinthe de droits, de coutumes, de priviléges, d'abus, de juridictions, qu'on appelait *régime du bon plaisir*, et plus anciennement *droit du plus fort*. Le souvenir de la Révolution ravivait donc en ma grand'mère le souvenir des misères dont cette révolution nous avait délivrés. Le souvenir des Restaurations le ravivait encore plus, car toute restauration était une menace pour l'avenir, une menace pour ses enfants.

40. Je l'avoue ; nous ne connaissons pas assez ce qu'était la situation du peuple avant 89.

— Non, vous ne le savez pas et les gens d'esprit ont eu surtout l'esprit de vous le cacher, de vous mentir. Si vous le saviez, vous auriez

comme moi, pour la République, le même
amour que ma grand'mère.

Fais ce que dois, advienne que pourra.

41. Un jour vous m'en parlerez.—Reprenons
notre explication. — Pourquoi avez-vous dit :
le républicain est celui qui pratique *volontairement* la devise révolutionnaire ?

—Pour rappeler avant tout que le caractère de
l'homme libre est essentiellement de se déter-
miner par un acte de sa propre volonté, et non
de la volonté d'autrui.

42. Pourquoi avez-vous ajouté : le républicain est celui qui pratique *sciemment* la devise
révolutionnaire ?

— Pour rappeler en second lieu que la
volonté libre ne se détermine que d'accord
avec la conscience après avoir scrupuleusement
recherché le juste et l'injuste des motifs.

43. Pourquoi avez-vous encore ajouté : le

républicain est celui qui pratique *dans toutes ses conséquences* la devise révolutionnaire ?

— Pour rappeler enfin que ce que nous reconnaissons juste en principe nous devons le maintenir, dans toutes ses conséquences, aussi loin qu'il nous conduise. *Fais ce que dois, advienne que pourra*, dit une vieille devise française, exprimant à sa façon la loi de la justice, invariable malgré les intérêts accidentels et contraires.

Républicain contraire de Jésuite.

44. Et vous professez ouvertement vos principes ?

— Vous l'entendez. En quoi blessent-ils la justice et la logique ? Ne vous ai-je d'ailleurs pas dit au début que le républicain est le contraire du jésuite ?

45. Oui, et je voudrais bien avoir une plus ample explication sur ce point.

— Le républicain vit au grand jour, fidèle à lui-même, fidèle à ce qu'il croit vrai ; il ne sait pas, en vue de ce qu'on dit profitable, modifier ses principes de probabilités en probabilités, de compromis en compromis ; il n'a pas de règle spéciale, de règle variable selon le cas, ni surtout de règle secrète. Pour lui

Il n'est avec le *vrai nul* accommodement,

car la vérité est une.

46. C'est ce que disent toujours nos paysans.

— Dites en toute confiance avec eux et vivez à l'avenant. Puis si la vérité est une, — et c'est vrai, soyez-en convaincu, — dites encore : *Deux vérités ne peuvent se contredire.* Voilà l'arme efficace contre le jésuite, non pas seulement jésuite en robe plus ou moins courte, mais jésuite en habit noir ou plus ou moins chamarré, car vous pouvez aussi en toute confiance appeler Jésuite quiconque essaie d'esquiver les coups de cette arme. Ne discutez pas avec le jésuite ; contentez-vous de réclamer imperturbablement qu'il rapporte tout ce qu'il allègue à une vérité que vous savez évidente, et vous le battrez toujours. Servez-vous de la même arme pour éprouver ce que nous vous disons. Prenez comme pierre de touche la devise Liberté, Égalité, Fraternité, ou *tel principe de morale que vous voudrez*, et vous vous rangerez avec le républicain.

47. Je croyais jusqu'ici que républicain, comme socialiste, était synonime de démocrate et conspirateur.

— De même que révolutionnaire synonime de profond scélérat, n'est-ce pas ? Républicain et socialiste sont synonimes, nous l'avons vu ; ajoutons-y démocrate, car le démocrate est celui qui cherche le gouvernement de tous par tous. Pourquoi le redoutez-vous, puisqu'à vous même, qui êtes son ennemi sans savoir pourquoi, il vous reconnaît votre équitable part de pouvoir législatif et exécutif ? Quant aux conspirateurs, je n'en connais qu'un seul qui soit redoutable à tous les gouvernements non républicains ; il est vrai que de celui-là ils ont tout à craindre ; car celui-là, c'est celui qui pratique dans sa vie privée les principes que je vous expose. Or un jour, — qu'il faille peu ou beaucoup de jours, il n'importe, — celui-là réussira parce que la vie privée détermine forcément la vie publique. Mais ceux, que vous appelez vulgairement conspirateurs, ils oublient, comme vous, que quelques hommes n'entraînent jamais un peuple. Ceux-là, le gendarme et les mouchards en auront toujours raison.

Fais à autrui comme tu veux qu'il te soit fait.

48. Je conviens que vous êtes un républicain bien convaincu. — N'est-on républicain qu'en adoptant la devise révolutionnaire : LIBERTÉ, ÉGALITÉ, FRATERNITÉ ?

— On ne peut pas l'être autrement.

49. Est-on républicain dès qu'on l'adopte ?

— Oui, pourvu qu'on la mette en pratique,

car le propre du républicain est d'être actif. Les convictions républicaines ragaillardissent leur homme et lui rendent le ressort de la vie.

50. Peut-on me forcer à adopter cette devise ?

— Nullement. Nul n'est républicain que par sa propre volonté, et non par la volonté d'autrui.

51. Alors, puisque l'adoption de cette devise est un acte de libre volonté, ne suis-je pas libre de ne pas être républicain ?

— A votre aise, mon pauvre homme ; mais à vos risques et périls.

52. A mes risques et périls ! Quels risques ? Quels périls ?

— Ne pas être républicain, c'est méconnaître le droit naturel, c'est renier le principe universel de morale : *Ne fais pas à autrui ce que tu ne veux pas qu'on te fasse. — Fais à autrui comme tu veux qu'il te soit fait.* Qui agit à l'encontre se crée à lui-même tous ses dangers.

53. Comment comprenez-vous que ne pas

être républicain c'est méconnaître le droit naturel ?

— Le républicain reconnaît que tous les hommes sont ses égaux et qu'il est l'égal de tous. Celui qui ne veut pas reconnaître cette égalité, ne le peut que par humilité, par orgueil, par indifférence, par peur ou par cupidité. D'un côté comme de l'autre, il méconnaît le droit naturel.

Instruction et Éducation obligatoires.

54. Mais ne peut-il pas simplement par ignorance ne pas vouloir être républicain ?

— Non, car l'ignorant ne peut pas dire qu'il est libre, ni même qu'il veut. *Pour être libre il faut vouloir, pour vouloir il faut savoir.* Dans tout ce qu'il fait, l'ignorant ne veut que ce que veut un autre, ce pourquoi un autre l'a dressé comme on dresse un animal. Voilà pourquoi la foule étant une force on l'a toujours tenue dans l'ignorance. Aussi voyons-nous que grâce au suffrage universel l'ignorance fait échec ĕt mat toute l'intelligence d'un pays.

55. Il ne serait donc pas pardonnable d'être ignorant ?

— A l'ignorant il faut tout pardonner car il est innocent de tout le mal qu'il cause ; mais il faut lui faire comprendre qu'il est cause, ou plus justement dit, instrument, puis, victime des plus grands maux ; * il faut lui faire comprendre que l'instruction, ou développement intellectuel, et l'éducation, ou développement moral, sont tout à la fois un droit et un devoir.

56. Comment sont-elles un droit ?

— Parce que celui qui en est privé ne sera jamais l'égal de ses concitoyens.

57. Comment sont-elles un devoir ?

— Parce que celui qui en est privé devient toujours l'instrument brutal de quiconque veut dominer.

---

* Qu'en pensent en ce moment ceux qui, par leurs votes, et surtout par le vote du 8 mai, ont fait la force des hommes qui voulaient la guerre ?

58. — Ainsi vous déclarez l'instruction obligatoire.

— L'instruction et l'éducation. Ne les séparez jamais, sinon vous n'aboutirez à rien. Toutes deux sont obligatoires et gratuites, obligatoires surtout à tous les titres. Du reste la loi l'ordonne quand elle dit à propos d'elle-même : *nul n'est censé ignorer la loi*. Bien plus encore que la loi, c'est la liberté même, c'est la fraternité, qui nous impose cette obligation.

59. La liberté et la fraternité imposant des obligations ? — Nous reviendrons un jour sur ce point-là.

— Quand vous voudrez.

Les ennemis de la République.

60. Ignorance à part, on ne peut donc se refuser à être républicain que par humilité, par orgueil, par indifférence, par peur ou par... cupidité ?

— On ne le peut pas autrement.

61. Ne le pourrait-on pas par raisonnement ?

— Essayez. Cherchez bien ; puis, quand vous aurez rassemblé vos raisonnements, nous les examinerons.

62. Et cependant, ceux qui sont d'autres partis ?

— Regardez-y bien et vous reconnaîtrez que de quelque parti que l'on soit, on ne peut se refuser à être républicain que par humilité, par orgueil, par indifférence, par peur ou par cupidité.

63. Et vous maintenez que la République est seule conforme au droit naturel ?

— La République est seule conforme au droit naturel, car en elle seule tous les hommes peuvent être libres, égaux et frères. Ou, si vous aimez mieux : là seulement où tous les hommes — et nous entendons, vous le savez, hommes, femmes et enfants, — sont libres, égaux et frères, là seulement il peut y avoir République ; mais alors elle y est forcément quel que soit le nom qu'on lui donne.

64. Mais alors, on serait donc forcé d'être républicain?

—Quand on comprend bien son propre intérêt, oui. Mais l'homme étant libre, il est toujours libre de choisir entre son bonheur et son malheur. Aussi voit-on la majorité des gens, sous l'influence de vieux préjugés, ne savoir user de leur liberté que pour en faire le sacrifice.

65. Cette majorité, sont-ce les humbles, les orgueilleux, les indifférents, les peureux?

— Précisément; mais n'oubliez pas les cupides.

Humilité.

66. Mais comment peut-on par humilité méconnaître le droit naturel?

— Parce qu'on s'abaisse au-dessous d'un autre; qu'en s'abaissant ainsi au-dessous d'un ou de plusieurs, on méconnaît en sa propre personne la dignité humaine; que la méconnaissant en sa propre personne, on la méconnaît nécessairement dans la personne des autres, et qu'alors on est incapable de remplir ses devoirs comme d'exercer ses droits.

67. Y a-t-il réellement des hommes qui par humilité se refusent à être républicains ?

— Il y en a. Il y en a beaucoup ; et leur indignité, qu'on appelle poliment abnégation, résignation, cette indignité, fruit d'une éducation perverse, d'une instruction vicieuse, a les mêmes déplorables conséquences que l'ignorance, contre ceux, qui, au contraire, ont conscience de leurs droits et de leurs devoirs.

Orgueil.

68. Comment par orgueil méconnait-on le droit naturel ?

— Dès l'instant que par orgueil on se refuse à être républicain, c'est qu'on se prétend supérieur aux autres ; que par suite on veut être maître ou privilégié à un titre quelconque, et que, pour être maître ou privilégié, il faut porter atteinte à l'intérêt, par suite à la liberté d'autrui.

Indifférence.

69. Que pensez-vous des indifférents?

— L'indifférent est à lui seul plus coupable que l'humble, l'ignorant et l'orgueilleux ensemble. Parce que de ses mains il ne commet aucun crime, il se croit innocent et ne voit pas que son indifférence paralyse toute tentative vers le bien, favorise toute tentative vers le mal. Ces gens-là préfèrent le marasme à l'action. Ne les troublez pas dans leurs inertes jouissances, dans leur plat égoïsme, vous ne réveilleriez jamais des hommes.

70. Vous êtes bien sévère contre qui n'est qu'indifférent.

— Un législateur ancien, plus sévère encore, les notait d'infamie et les rayait justement du nombre des citoyens.

Peur.

71. Que direz-vous alors des peureux?

— Qu'ils sont la honte de notre génération. La peur sur le sol gaulois! Qui le croirait? Nos ancêtres ne craignaient que la chûte du ciel; leurs descendants sont devenus peureux; tous gens sans raison comme sans cœur; tous gens énervés, démoralisés, éperdus, n'ayant d'yeux et d'oreilles que pour ce dont on les effraie. Ils ont peur. De quoi? Ils ne le savent. Ils ont peur. Ils n'osent plus regarder rien en face; ils n'osent plus faire trois pas en avant pour marcher sur leur fantôme, le toucher du bout du doigt et le faire évanouir. Non! non! ils préfèrent avoir peur et leur peur se nourrit d'elle-même. Dénués maintenant de toute initiative, de tout ce qui rend l'homme viril et digne, ils ne savent plus entendre ce mot de leurs pères conservé par le Bonhomme:

Ne t'attends qu'à toi seul

Non; ils attendent toujours tout du gouvernement; ils aiment mieux qu'on dise:

Peureux comme un Français ;

Ils ne feraient plus un pas sans la permission de l'autorité ; sitôt qu'ils ne sentent plus les lisières la peur les affole ; vrais lièvres

> Un souffle, une ombre, un rien, tout leur donne
> la fièvre

ils veulent un maître qui agisse pour eux, qui *pense* pour eux ; le même Bonhomme en vain les avertit :

> Notre ennemi c'est notre maître

leur dit-il en bon Français. Avis perdu, les peureux veulent un maître ; puis se croient sages et prudents quand ils se détournent des affaires publiques pour se consacrer tout entiers à leurs affaires privées, sans jamais s'apercevoir que *les affaires publiques ne sont que les affaires privées de tout le monde.* Ils disent : *Qu'importe la politique pourvu que les affaires marchent !* il leur semble alors que tout soit dit et quand soudain la politique les serre dans son étau entre l'impôt et la guerre, la mort et les haines, la ruine et la honte, plus apeurés que jamais ils soupirent après un nouveau maître. Ah ! qu'il est pitoyable ; qu'il devient stupide le peuple qui a peur de la liberté,

> . . . . De ce bien,
> Sans qui les autres ne sont rien *

Cupidité.

72. Dans quelle catégorie me rangez-vous ?

— Un moment ; vous avez encore une question à m'adresser.

73. Encore une question ? sur le même sujet ?

— Sans doute. Vous oubliez de me demander comment on peut par cupidité être ennemi de la République.

74. Effectivement, vous avez parlé de gens cupides.

— Et de tous nos ennemis vous oubliez les plus dangereux, parce qu'ils sont les plus

---

* Nous devons rappeler que ceci était écrit avant la guerre. Cependant nous n'y ajouterons aucun commentaire, non plus qu'à ce qui suit. Les circonstances ne sont déjà qu'un commentaire trop triste.

pervers, les plus habiles, les plus cyniques. De même que l'initiative, à laquelle s'est aujourd'hui substituée la peur, l'amour du travail était jadis un trait distinctif du Français. La Révolution nous a donné la liberté du travail ; le travail a donné l'aisance ; et grâce aux circonstances, les premiers venus, peu nombreux, sont montés de l'aisance à la richesse, et parmi eux, les plus adroits de la richesse au pouvoir. Puis un jour ceux qui s'écartaient de plus en plus du but posé par la Révolution ont dit à ceux qui se plaignaient : *Enrichissez-vous et vous gouvernerez*, et dès lors ceux qui n'ont pas le cœur à la hauteur de la fortune sont devenus cupides, et d'autant plus cupides qu'ils eurent plus de puissance. Ils n'ont plus qu'une idée, l'argent, — qu'un sentiment, l'argent, — qu'un mobile, l'argent, — qu'une morale, l'argent ; car à leurs yeux, un homme ne vaut que pour ce *qu'il a* et non pour ce *qu'il est*. Aussi chez eux tout se pèse au trébuchet. Acquérir pour acquérir encore, pour acquérir toujours, tout est là, car là est la toute-puissance. Cupidité du haut en bas, nous la voyons partout, même au village : ici des rentes, là des champs ; ici des titres, là des places ; ici des honneurs, là des influences, tout est bon pourvu que l'on acquière et surtout rapidement, car on est pressé de jouir ; si pressé que souvent on se donne à la jouissance avant d'avoir acquis. Aussi tous les moyens sont bons ; quelle que soit son origine *L'argent n'a pas de couleur* ; le tout est de l'acquérir, le tout est de parvenir, et ceux qui parviennent le plus haut sont ceux qui cachent le plus soigneusement leur origine, qui sont les plus ingrats envers leur berceau. Ces parvenus cupides, voilà ceux qui propagent la peur, qui maintiennent l'ignorance, qui conseillent l'humilité, qui entretiennent l'indifférence ; voilà ceux qui caressent l'orgueil de qui veut et *peut* être maître. Ces gens-là disent aussi : *Le pouvoir n'a pas de couleur ;* pourvu qu'il soit le pouvoir ils ne rechercheront ni son origine, ni ses moyens, ni son but. Il est le pouvoir. Ils le soutiennent parce qu'il les soutient, qu'il ouvre libre carrière à leur cupidité. *Le succès justifie tout.* On a vu des négriers dans les moments de presse et pour sauver leur industrie jeter leur *cargaison* par-dessus bord ; ceux-ci vendraient père et mère, honneur et patrie, ils se vendent eux-mêmes pour arrondir leur bourse sans laquelle ils ne sont rien.

75. Mais il n'y a pas en France de pareilles gens !

— Il y en a partout. La cupidité est l'âme de notre époque.

76. Et dans quelle catégorie me rangez-vous ?

— A vous de me le dire. J'ose bien vous dire que je suis républicain ; osez au moins me dire que vous ne l'êtes pas, et pourquoi vous ne l'êtes pas.

77. Ainsi donc en résumé l'ignorant, l'humble, l'orgueilleux, l'indifférent, le peureux et le cupide méconnaissent également le droit naturel ?

— Ils le méconnaissent également, non-seulement en eux, mais en autrui, car tous ils sont la force de quiconque veut être maître. Tous ils le méconnaissent, non-seulement en eux et dans leurs semblables, mais dans leurs propres enfants. Vous les verrez peut-être tous scrupuleux jusqu'au ridicule dans la gestion d'un héritage d'argent, et tous, dépositaires infidèles, ils vendent sans souci la liberté, l'héritage moral de leurs enfants ; puis ils se croient innocents alors qu'ils leur lèguent, au lieu de la liberté, la guerre civile. Voilà où mène l'oubli du droit naturel.

Droit et Devoir, naturel et social.

78. Mais qu'appelez-vous *droit naturel* ?

— Vous me le demandez, et depuis le premier mot nous ne parlons de rien d'autre.

79. Entendriez-vous que le droit naturel est d'être républicain ?

— Je vous ai dit qu'être républicain est la conséquence du droit naturel. Mais vous rappelez-vous ce qu'il faut entendre par républicain ?

80. Vous avez dit : Le républicain est le contraire du jésuite.

— Rien n'est plus vrai, et je vous en donne

surabondamment la preuve. Mais j'ai développé cette réponse.

- 81. Vous avez dit : Le républicain est celui qui pratique la devise révolutionnaire : LIBERTÉ, ÉGALITÉ, FRATERNITÉ.

— N'oubliez pas *volontairement*, ni *sciemment* ni surtout *dans toutes ses conséquences*. Je vous ai dit pourquoi.

82. Ainsi ces trois mots LIBERTÉ, ÉGALITÉ FRATERNITÉ seraient l'expression du droit naturel?

— Expression très simple que vous comprendrez mieux, peut être, si vous dites : Selon la nature tous les hommes sont libres, tous les hommes sont égaux, tous les hommes sont frères. Chacune de ces affirmations est tout à la fois la conséquence et la preuve des deux autres. En outre, ces trois affirmations suffisent, comprennent tout. Cherchez, il ne vous sera pas possible d'y ajouter un quatrième terme.

83. N'y peut-on réellement rien ajouter?

— Il nous faudra des siècles après des siècles de progrès pour qu'elle ne réponde plus à notre idéal, pour que nous commencions à entrevoir une lumière plus pure encore de notre avenir infini, lumière qui jaillira du sein de la paix, comme celle-ci a jailli du fond de nos luttes dont elle perpétuera le souvenir ; car elle rappellera toujours les temps où les hommes n'étaient ni libres, ni égaux, ni frères. Mais aujourd'hui, on n'y peut rien ajouter, on n'en peut rien retrancher, on n'en peut même intervertir les termes : la Liberté c'est le droit de l'individu ; l'Égalité le droit de deux hommes qui se rencontrent ; la Fraternité le devoir de tous, en tous lieux, dans toute la vie. De sorte que ces trois mots sont non-seulement l'expression des droits, mais en même temps celle des devoirs naturels.

84. Je n'avais jamais compris tout cela dans la devise républicaine.

— Comprenez plus encore : Cette devise exprimant tout à la fois le droit et le devoir naturel, exprime en même temps le droit et le devoir social, car l'état naturel de l'homme c'est la société.

85. C'est vrai! La société est l'état naturel de l'homme.

— N'est-ce pas aussi l'état naturel de tout animal, de tout végétal? N'est-ce pas l'état naturel du grain de blé? de l'épi? du champ? Avez-vous jamais vu un grain de blé se produire de lui-même, unique et en rester là?

86. La nature ne serait donc à votre compte qu'une société de sociétés?

— Rien d'autre. Seulement pour l'homme la société naturelle devenant société morale, s'appelle association, parce qu'elle est libre et volontaire et que nous en déterminons nous-mêmes les lois.

87. Comment! Mais c'est le gouvernement direct! Je ne m'attendais pas à cette déduction.

— Ni à beaucoup d'autres qui en découlent. Nous y reviendrons quand vous voudrez; terminons le point qui nous occupe. Vous comprenez maintenant que la devise républicaine exprimant tout à la fois le droit et le devoir naturel, le droit et le devoir social, nous enseigne en même temps que droit et devoir sont un : car tout droit impose un devoir, tout devoir sanctionne un droit. Ce que j'appelle droit ou liberté quand je ne pense qu'à moi, je l'appelle devoir ou fraternité lorsque je pense à toi; un troisième se présente, tous deux nous sentons envers lui ce que déjà nous sentons l'un pour l'autre : Nous sommes égaux.

Liberté, Égalité, Fraternité selon la nature.

88. Je voudrais bien faire comprendre tout cela à mes amis et connaissances. Comment m'y prendre? Supposez qu'un ami me demande à brûle pourpoint : Qu'est-ce que la Liberté ?

— Vous ne pourrez pas avec tout le monde répondre à brûle-pourpoint. Il faut préparer à comprendre, et ce n'est peut-être pas bien difficile, car si la liberté est un droit naturel, nous devons en trouver la preuve partout dans la nature.

89. C'est évident. Mais donnez-m'en des exemples.

— En voici sous nos yeux : rosiers, poiriers. Deux nous suffisent. Aimez-vous les rosiers ?

90. Mais je vous demande : Qu'est-ce que la Liberté selon la nature?

— Patience, la réponse ne tardera pas, et la nature peut nous conduire à la Liberté par un chemin semé de roses. Ainsi, aimez-vous les rosiers ?

91. J'aime les roses.

— Qui aime bien la fleur doit bien aimer l'arbuste? — Réfléchissez à la portée de vos réponses.

92. Aimer l'arbuste, aimant les roses, ne serait que juste ; seulement le rosier a des épines.

— Une vieille chanson le dit : Il n'y a pas de rosier sans épines. Mais qui sait? si le rosier n'avait pas d'épines, peut-être ne produirait-il pas de roses.

93. C'est plus que probable puisqu'il n'y a pas de rosier sans épines.

— Vous voyez donc bien que qui aime la fleur doit aimer l'arbuste et même les épines. Non seulement c'est justice mais c'est votre intérêt puisque vous aimez les roses.

94. C'est évident.

— Alors, qui aime l'ouvrage aime également l'ouvrier ?

95. C'est également juste puisque sans l'ouvrier nous n'aurions pas l'ouvrage.

— En cherchant ensemble et de bonne foi la Liberté, il me semble que nous avons déjà trouvé la Fraternité. Qu'en pensez-vous ?

96. En effet, et je commence à comprendre que ces trois idées se tiennent bien étroitement.

— Vous aimez aussi les poires ?

97. Et par conséquent le poirier, c'est convenu.

— Mais aimez-vous assez les poires pour demander au rosier qu'il en produise ?

98. Ce serait absurde ; et d'ailleurs quel arbuste ensuite nous donnerait des roses ?

— En répondant, n'oubliez pas que dans mon idée il y a des hommes derrière les arbustes. — Notre intérêt veut donc que nous laissions les roses au rosier et les poires au poirier ?

99. Bien entendu puisque c'est leur nature ;

— Ceci n'est-il pas une première indication

que notre intérêt bien entendu nous porte à nous conformer aux lois de la nature ?

100. Tout jardinier le comprendrait ainsi.

— Serons-nous moins intelligents que les jardiniers ?

101. Non ; il en est en ceci des hommes comme des arbres.

— . . . . . A l'œuvre on connaît l'artisan !

et réciproquement : De l'artisan ne réclamez que son œuvre.

102. Couchez-vous avec Lafontaine ? Vous le citez à tout propos.

— Je m'en nourris et j'en nourris les enfants ; c'est le suc de la France.

— Reprenons : lequel du rosier ou du poirier est supérieur à l'autre ?

103. Singulière question ! Il n'y a entre eux ni supériorité ni infériorité. On ne peut les comparer tant ils sont différents. Chacun produit selon sa nature.

— Avez-vous bien réfléchi à votre réponse ? et n'y voyez-vous rien à retirer ?

104. Ma réponse me semble toute simple...

— A moi de même. Alors, puisque entre ces deux arbustes si différents, que vous aimez, l'un pour le plaisir des yeux et de l'odorat, l'autre pour les jouissances du goût, il n'y a ni infériorité ni supériorité, il y a donc forcément égalité.

Le Spectre de l'Égalité. — Égalité devant la loi.

105. Et ce serait là cette terrible Égalité qui épouvante les gens ?

— C'est-à-dire, avec laquelle les gens de mauvaise foi épouvantent les niais. Vous me permettrez d'employer ici ce langage parlementaire ; car il y a des circonstances où c'est un devoir d'appeler les gens par leur nom ; de dire aux uns qu'ils sont de mauvaise foi, aux autres qu'ils ne sont que des niais. Les politesses académiques ne nous ont déjà coûté que trop de honte, de sang et de ruines.

106. Le fait est que si l'égalité est chose si

naturelle, il y a une profonde mauvaise foi, une crasse niaiserie à en faire et à y voir un spectre rouge.

— Plus encore que vous ne croyez. Car notez bien : il peut y avoir et il y a forcément infériorité ou supériorité entre plusieurs rosiers, entre plusieurs poiriers, c'est-à-dire, entre des arbres de même espèce. Mais il faut qu'il y ait différence de nature, différence d'aptitudes, différence de produits, dirons-nous en parlant des arbres ; différence de travaux, en parlant des hommes, pour qu'il y ait égalité.

107. Pouvez-vous tout de suite m'appliquer à des hommes cette égalité dans la différence qui se comprend si facilement des arbres ?

— Tout de suite, sans en chercher d'autres que nous deux. — Tous deux nous sommes venus tout nus au monde : Vous êtes devenu grand et corpulent, je suis resté petit et menu. Il s'agit de nous vêtir. Comparez maintenant l'égalité telle qu'on nous acccuse de la vouloir avec l'égalité telle que nous la voulons. Ceux

qui crient : Au partageux! comme d'autres crient :
Au voleur! pour détourner l'attention du vrai
larron.....

108. Tiens! tiens! mais c'est que si vous
aviez raison.....

— Certainement, j'ai raison. Ouvrez les yeux
et vous verrez que le partageux n'est pas là où
on vous le montre. Mais n'oublions pas que
nous sommes tout nus. Ceux qui crient : Au
partageux! prétendent que nous voulons partage égal ; c'est-à-dire, comme ils ont soin de
vous l'expliquer, en tout même poids, même
mesure, même valeur pour chacun. A ce compte
nous pourrions bien tous deux recevoir un
habit qui serait trop petit pour vous, trop
grand pour moi. Qui de nous deux serait
ontent ?

109. Pas moi.

— Ni moi. Et croyez-vous le républicain si
stupide qu'il aille risquer sa vie, sa liberté, sa
réputation, ou seulement son repos, en vue
'un habit trop grand ou trop petit ?

110. Mais il ne s'agit pas que d'habit.

— Certes non, mais je vous le dis, de tout comme de l'habit. Regardez-y bien. Ceux qui crient : Au partageux ! et qui tiennent tout entre leurs mains, nous accusent, écoutez-les, de vouloir partage égal en tout : partage des terres, partage des rentes, partage de l'argent, partage des produits, en un mot partage égal de tout ce qui a une valeur. Ils nous accusent d'envier leurs honneurs et leurs jouissances ! Eh ! que m'importent à moi leurs jouissances par lesquelles ils dégénèrent ? leurs honneurs pour lesquels ils se déshonorent ? leurs priviléges qu'ils ne possèdent qu'en tremblant parce qu'ils les savent injustes ? Ils ne s'aperçoivent pas, tant les aveuglent l'envie et la passion, qu'il faut avoir vécu à rebours comme eux pour croire que honneurs, jouissances et priviléges sont là où ils les cherchent. Quand nous aurions partagé comme ils le disent, quand nous aurions passé sur *tout* et sur *tous* le niveau égalitaire, en serais-je mieux ? Voyez ce champ qui vous appartient ; ils prétendent que j'en veux la moitié. Qu'en ferais-je ? Tout entier il ne vous suffit pas à vous qui passez votre vie à cultiver. Je n'entends rien à la culture. Que ferais-je de cette moitié de champ, moi qui ne demande qu'à étudier, à écrire en liberté?

111. Au fait, vous avez raison. Mais dites-moi, en cherchant l'Égalité, ne serions-nous pas arrivés à la Liberté?

— Il y a longtemps que nous y sommes, et vous vous en seriez plus vite aperçu, si nous n'avions parlé que de l'égalité telle que l'entend le républicain.

112. Je crois maintenant le savoir. Mais c'est égal, dites-le moi vous-même.

— Si nous parlions encore d'habits, je vous dirais que, par égalité d'habits, le républicain entend qu'il est juste que chacun ait également un habit à sa taille.....

113. Pardon si je vous interromps. Pour chacun, un habit à sa taille, soit ; mais procuré.... comment?

— Par le travail. Le républicain ne veut rien devoir qu'à son travail et n'accepte les faveurs de personne, puisqu'il se considère l'égal de tous.

114. A la bonne heure. Voilà ce que je voulais savoir. Nous y reviendrons une autre fois. Continuez.

— Je dis donc : Il est juste que chacun ait également un habit à sa taille, approprié à son travail, à tous ses besoins, à ses plaisirs. Vous cultivez, je plaide. Vous n'irez pas labourer en habit noir, je n'irai pas plaider en blouse. Comme précédemment appliquez à tout cette égalité d'habits dans la différence, et vous la retrouverez en tout. Vous cultivez, j'écris. Vous désirez la liberté de votre champ; je réclame, parce que c'est également mon droit, la liberté d'écrire.

115. Ma foi! vous avez bien raison.

— Vous en convenez parce que vous trouvez que cela vous donne aussi raison. Eh bien! sachez toujours en convenir pour tout le monde, même quand vous n'y verrez pas pour vous d'avantage immédiat. Car en fin de compte et tout bien vu, il est toujours avantageux pour nous, outre que c'est juste, de reconnaître en tout le droit d'autrui.

116. Voilà ce qu'on oublie trop.

— Oui. Le Français n'a pas assez le sentiment du droit. Le Français ne sait pas maintenir un principe. Le Français n'est pas juste.

117. C'est dur.

— Dur, mais vrai; plus triste encore que dur, et la preuve entre mille, sans parler des déplorables compromis de nos jours : Ceux qu'on répute intelligents crient : Au partageux ! vous le savez, comme d'autres : Au voleur ! Ils vous effraient par cette égalité fantasmagorique que vous trouveriez encore plus bête qu'effroyable, si l'on ne vous avait prudemment disciplinés

Dans la crainte du diable et du garde-champêtre ;

mais c'est pour détourner votre attention d'une autre égalité dont ils ont peur et pour cause, car là nous entendons effectivement par égalité le même niveau pour tous, même poids, même mesure, c'est-à-dire *égalité devant la loi.*

118. Mais nous l'avons.

— Où donc ?

119. Dans nos diverses constitutions.

— Oui, comme la reconnaissance des principes de 89. Mais, cherchez sans remonter bien loin, l'avons-nous en fait ?

120. Non.

— L'avons-nous jamais eue ?

121. Non.

— Devons-nous l'avoir ?

122. Oui.

— Voilà qui est catégorique.

123. Oui, mais pouvons-nous l'avoir ?

— Quand on doit, il faut pouvoir. Ne dites-vous pas vous-même à tout propos : *Quand il faut, on ne demande pas s'il y a loin ?* Je ne vous dis pas que cela soit toujours facile ; je vous dis tout bonnement qu'*il faut.* Or, vous savez, *quand il faut...... il faut.* Ainsi, puisque selon le droit naturel nous sommes tous égaux, est-il juste selon le droit social que nous soyons tous égaux devant la loi ? Oui — ou non. — Répondez.

124. Rien ne serait plus juste *.

---

* Puisqu'aujourd'hui nous pouvons le dire selon notre droit : N'oublions plus des procès tels que ceux

— Eh ! je ne vous demande rien de plus. Ayons la justice en fait comme en droit, dans la pratique comme dans la loi, dans toute la vie comme dans les principes, en un mot, maintenons les principes dans toutes leurs conséquences, et nous serons heureux.

125. Ce serait bien bon !

— Et tout aussi joyeux. Je vous laisse à loisir en énumérer les heureuses conséquences ; toutes vous conduiront à dire : Outre que c'est juste, il est de l'intérêt de tous que tous soient égaux devant la loi.

L'Intérêt bien entendu.

126. Il est vraiment singulier qu'à tout propos vous reveniez ainsi à l'intérêt.

---

de Tours et de Blois. Ils rappelleront d'autres procès de Hautes et Basses Cours. En outre, conservons des malheurs présents cet enseignement que l'égalité devant la loi est non-seulement désirable, mais possible, même devant la loi militaire. Par cela même que nous condamnons la guerre et la conquête, comme l'assassinat et le vol, il faut désarmer mais être tous soldats

— Puis-je autrement si la logique m'y ra-
mène ?

127. Oui, mais je dois vous avertir en ami —
car vrai, j'ai de l'amitié pour vous à cause de
tout ce que vous me dites, — que ce mot *intérêt*
fait qu'on accuse les républicains d'être... des
gens... *des gens intéressés.*

— En vous voyant sous l'habit militaire,
J'ai reconnu que vous êtes soldat.

128. Vous riez, mais........

— Voulez-vous que je pleure quand j'entends
de pareilles bourdes ? Mais regardez-y donc ;
réfléchissez mieux, sinon j'en serai toujours
à recommencer. On crie ici : A l'homme intéressé ! comme tout à l'heure : Au partageux !
dans la rue : Au voleur ! et dans les champs :
Au loup ! On sait que vous croyez au loup-
garou ; que le loup-garou de l'enfant devient
aisément le spectre rouge de l'homme. Mais,
fils de Croquemitaine que vous êtes, rentrez
donc dans votre bon sens ; regardez tran-
quillement autour de vous et vous verrez tout

de suite où sont les loups, les voleurs, les partageux, les intéressés. Puis, en fin de compte, vous avez vos intérêts ?

129. Naturellement.

— Nous est-il naturellement permis d'avoir les nôtres ?

130. C'est très juste.

— Vous trouvez aussi très juste qu'on fasse droit à vos intérêts ?

131. Sans doute.

— Il nous est aussi bien permis sans douté qu'on fasse également droit aux nôtres ?

132. C'est également juste.

— Alors, en ce qui me concerne, j'avoue franchement que *je suis un homme intéressé;* avouez de même que *vous êtes un homme intéressé;* avouons tous que *tous nous sommes des hommes intéressés.* Conjuguez tout le verbe *être intéressé* à tous les temps, pour toutes les personnes.

133. Mais au fait, il n'en peut être autrement.

— Bien entendu. N'avons-nous pas tous notre intérêt dans la vie ? tous même droit à la satisfaction de cet intérêt? Mais quand, faisant appel au bon sens, nous vous avons parlé de droit ou Liberté, vous avez crié : A l'assassin! — faisant alors appel au bon cœur, nous vous avons parlé de Fraternité ou association, vous avez crié : Au voleur ! — il faut bien qu'enfin nous fassions appel à votre égoïsme, à votre intérêt, et que nous vous disions: Votre intérêt bien entendu veut que nous soyons tous égaux, et pour y arriver, il faut commencer par être égaux devant la loi. Réfléchissez bien; c'est le troisième et dernier appel; Il le faut et il est temps, car le temps des loups garous est passé.

134. Vous dites vrai, — il le faut, il est temps — grandement temps.

Justice.

Mais ne pensez-vous pas qu'il serait temps de voir quelle réponse je dois faire à l'ami qui me demande : qu'est-ce que la Liberté ?

— Vous avez raison. Retournons au jardin

dont nous ne serions pas sortis si vous ne m'aviez demandé de faire à des hommes l'application de ce que nous ont enseigné les poires et les roses. Les fleurs et les fruits nous donnent des leçons plus gaies et surtout plus calmes. Reprenons donc. — Si comme l'homme le rosier pouvait vouloir quelque chose, que pensez-vous qu'il veuille ?

135. Produire de belles roses comme le poirier de bonnes poires.

— Comme l'ouvrier du bel et bon ouvrage; vous des charretées de grains, moi un livre utile. Or, nous savons maintenant qu'il n'y a ni infériorité, ni supériorité entre ces différents produits; qu'il y a au contraire égalité; et nous savons en outre qu'il serait absurde d'exiger du poirier qu'il produisit des roses.

136. Certainement ce serait absurde.

— Ce que nous appelons absurde quand nous parlons des arbres, ne devons nous pas l'appeler injuste quand nous parlons des hommes ?

137. Franchement, je crois aussi que l'absurde se change ici en injustice.

— Et comment feriez-vous pour empêcher le rosier de produire des roses ? le poirier des poires ?

138. Il faudrait les mutiler sans cesse, les transplanter dans le terrain qui ne leur convient pas, les priver d'engrais, d'eau, d'air et de soleil.

Le système est complet. Je vous conseille, quand vous y réfléchirez, d'appliquer aux hommes ce que vous dites des arbres. — Et quels arbres auriez-vous alors ?

139. Des arbres rabougris, rachitiques, chancreux.

— Et quel jardin ?

140. Une honte !

— Oui, une honte ! mais une trop fidèle image de la société dans laquelle on comprime le droit naturel, la liberté de vivre.

141. C'est vrai ! Voilà la liberté ! Vivre selon sa nature....

— Cultivée....

142. Bien entendu. Et si maintenant l'on me demande qu'est-ce que la Liberté ?....

— Répondez : La Liberté est le droit naturel de l'homme d'exercer dans toute leur plénitude, pour son bien et pour le bien d'autrui, les facultés dont il est doué.

143. Alors l'Égalité ?

— L'Égalité est la même liberté pour tous : le droit de tous limitant le droit de chacun ; — mais, *n'oubliez surtout pas la réciproque,* c'est le droit de chacun limitant la liberté de tous.

144. Et la Fraternité ?

— La Fraternité est l'association volontaire de tous les droits qui déterminent nos devoirs ; l'association volontaire de tous les devoirs qui garantissent nos droits.

145. Tout cela me semble très-juste.

— Tout cela est la justice, tout cela est la loi naturelle, ou encore, si maintenant le mot ne vous effarouche plus, tout cela est notre intérêt bien entendu.

146. Donnez-moi la main! Puisque tels sont

les principes du républicain, j'appelle comme vous de tous mes vœux le jour où nous pourrons joyeusement crier ensemble : Vive la République !

— Ainsi soit-il. Liberté ! Égalité ! Fraternité! Dès ce jour, paix et joie sur la terre aux hommes de bonne volonté!

147. Sans oublier les femmes ni les enfants!

— Bien entendu! pas de bonne fête sans les femmes et les enfants.

Lille, Imp. Six-Horemans.

www.ingramcontent.com/pod-product-compliance
Lightning Source LLC
Chambersburg PA
CBHW061406060726
47597CB00003B/983